행복한 주부, 행복한 가정

네비게이토 선교회는
국제적이며 복음적인 기독교 기관이다.
예수 그리스도께서는 자기를 따르는 자들에게
“너희는 가서 모든 족속으로 제자를 삼으라”
(마태복음 28:19)는 지상사명을 주셨다.
네비게이토 선교회는 세계 모든 국가에서
예수 그리스도의 일꾼들을 배가시켜
이 지상사명의 성취를 돕는 것을
근본 목표로 하고 있다.

네비게이토 출판사는
네비게이토 선교회의 문서 선교를 담당하고 있다.
본 출판사에서는 그리스도인의 영적 성장을 돕는
서적과 자료들을 출판하여,
그리스도인의 삶의 기초가 견고한
헌신된 제자로 성장하게 하고,
나아가 성숙한 인격과 지도력을 갖춘
일꾼이 되도록 돕고 있다.

행복한 주부, 행복한 가정

주부를 위한 성경공부 교재

HOMEMAKING

A BIBLE STUDY FOR WOMEN AT HOME

BAUKJE DOORNENBAL
and TJITSKE LEMSTRA

네비게이토 출판사

차 례

머리말

자신이 한 개인으로서뿐만 아니라 자기 주위 사람들의 삶에 기여하는 자로서 얼마나 중요한 사람인가를 잘 인식하고 있는 행복한 주부는 자기 가정의 중추를 형성합니다. 훌륭한 가정은 사회의 견고한 기초를 형성합니다. 그러므로 주부는 가정 안에 머물면서도 그 사회에 지극히 큰 영향을 끼칠 수 있습니다.

본 성경공부는 하나님의 말씀으로부터 동기를 얻고 이 말씀을 따라 가정에서 자신의 책임을 다하고자 하는 주부들을 위해 마련된 것입니다. 이 책의 내용을 공부하고 실행하며 성경의 원리를 가정생활에 적용함으로써, 모든 주부는 그들의 부르심을 따라 사는 삶에서 힘과 지혜를 얻을 수 있을 것입니다. 많은 주부가 이 책을 공부함으로써 선한 삶을 위한 각자의 무한한 잠재력을 알 뿐 아니라 그것을 십분 발휘하여, 다른 이들의 삶에 경건한 영향을 미치는 삶을 살게 되기를 진심으로 기도합니다.

제 1 장

하나님을 바람

성경은 종종 하나님을 바라라고 말합니다. "우리 영혼이 여호와를 바람이여, 저는 우리의 도움과 방패시로다"(시편 33:20). "너는 여호와를 바랄지어다. 강하고 담대하며 여호와를 바랄지어다"(시편 27:14).

여기서 말하는 '바람'이란 기다림과 기대를 뜻하는 것으로, 마치 오시기로 한 손님이 도착하기를 기다리는 것이나, 출산을 앞둔 여자가 태어날 아기를 기다리는 것, 또는 날씨의 변화를 기대하는 것 등과 같습니다. 이것을 우리와 하나님과의 관계에 적용시켜 본다면, 이처럼 하나님을 바란다는 것은 우리의 신뢰와 소망을 지속적으로 하나님 자신과 그분의 말씀에 두는 것을 의미합니다.

나 곧 내 영혼이 여호와를 기다리며
내가 그 말씀을 바라는도다.
파수꾼이 아침을 기다림보다
내 영혼이 주를 더 기다리나니,

참으로 파수꾼의 아침을 기다림보다 더하도다.
시편 130:5-6

우리가 하나님을 기다리고 바랄 수 있는 이유는 그분의 성품이 어떠하다는 것을 잘 알고 있기 때문입니다. 하나님께서는 우리가 그분의 약속을 주장할 때 결코 우리를 실망시키지 않으십니다. 우리는 예수 그리스도의 재림을 비롯한 많은 것을 하나님으로부터 바랄 수 있습니다.

우리는 또한 우리가 관계를 맺고 있는 주위 사람들로부터 많은 것을 바랄지도 모릅니다. 이를테면 남편이 청소를 해주거나 쓰레기를 좀 버려 주었으면 한다든가, 머리가 아플 때 나의 고통을 알아주었으면 하고 바랄지도 모릅니다. 혹은 여행을 하거나 휴일이 되면 무언가 굉장히 신나는 일이 있었으면 하고 기대할지도 모릅니다.

그러나 이러한 소망이 항상 실현되는 것은 아니며, 오히려 우리로 하여금 실망하거나 무시당한 느낌을 갖게 하기도 하고, 우리 기대를 충족시켜 주지 않는 사람들에게 반감을 품게 만들기도 합니다.

때로 우리는 잘못된 데 소망을 둘 수도 있고, 기대가 너무 클 수도 있습니다. 사람과 일들은 우리를 실망시킬 수 있는 것입니다.

그러나 우리가 하나님을 바라며 그분을 신뢰할수록 실망을 훨씬 덜 하게 될 것입니다. 다윗이 말한 바와 같이 "주를 바라는 자는 수치를 당하지 않습니다"(시편 25:3).

1. 다음 성경 구절은 우리가 하나님으로부터 어떠한 것을 바랄 수 있다고 말해 줍니까? 시편 33:20−22, 시편 42:11, 시편 119:82, 시편 130:7−8

2. 하나님을 더 잘 알게 될수록, 우리는 하나님으로부터 더 많은 것을 바랄 수 있습니다. 하나님의 **성품**, 즉 그분의 사랑과 자비는 그분이 우리를 **도와주실** 것이라는 사실을 보장해 주며, 하나님의 **전능하심**, 즉 그분의 무한하신 능력은 그분이 우리를 **도와주실 수 있다**는 사실을 보장해 줍니다.

   다음 성경 구절을 통하여 하나님의 성품과 능력에 대해 알 수 있는 것은 무엇입니까? 시편 146편, 이사야 40:28−31, 로마서 8:31−32, 요한계시록 4:11

3. 요한복음 11:17-27에 보면, 베다니 마을의 마르다는 하나님께서 어떠한 분이시라는 것을 알고 있었던 것 같습니다. 그래서 마르다는 어떤 태도를 갖게 되었습니까?

4. 사무엘상 1:15에서 한나는 "여호와 앞에 나의 심정을 통했다"라고 말했습니다. 이것은 어떻게 기도하는 것을 의미합니까?

5. 하나님께서는 다윗을 '내 마음에 합한 자'라고 부르셨습니다(사무엘상 13:14, 사도행전 13:22 참조). 다음 성경 구절에서 다윗이 하나님께 바란 것은 어떤 것인지 적어 보십시오. 시편 16:8-11, 시편 23:6, 시편 62:5-8

6. 누가복음 2:25-26, 누가복음 2:36-38, 빌립보서 3:20, 베드로후서 3:11-14을 읽으십시오. 그리스도와 그분의 나라에 관해 사람들이 기대했거나 기대할 수 있는 것이 무엇인지 간단히 요약하십시오.

그리스도의 재림에 대한 소망이 당신의 삶에 영향을 미치고 있습니까? 만약 그렇다면, 어떻게 영향을 미치고 있습니까?

생각해 봅시다

때때로 우리는 자신의 생각과 계획을 위해 하나님을 이용하려 들지도 모릅니다. 즉 우리 자신의 마차를 끌기 위해 하나님께 멍에를 씌우려고 하는 것입니다.

그러다가 우리가 기대했던 대로 일이 풀리지 않으면 하나님께서 우리를 실망시키셨다고 생각합니다. 그러나 시편 37:4의 약속으로 눈을 돌려 보십시오. "또 여호와를 기뻐하라. 저가 네 마음의 소원을 이루어 주시리로다."

당신은 무엇을 기뻐합니까? 오직 하나님만을 기뻐합니까? 아니면 당신의 개인적인 욕망이 성취되는 것을 기뻐합니까? 하나님의 약속은 바로 **그 중심이 하나님께 속해 있는 사람들**을 위한 것입니다.

한나나 다윗과 같은 성경의 인물들은 하나님으로부터 많은 것을 바라고 기대했습니다. 당신은 그들이 어떻게 그런 담대한 믿음을 가질 수 있었다고 생각합니까?

우리도 지금 다윗처럼 기도할 수 있습니다. "하나님이여, 나를 살피사 내 마음을 아시며, 나를 시험하사 내 뜻을 아옵소서. 내게 무슨 악한 행위가 있나 보시고 나를 영원한 길로 인도하소서"(시편 139:23-24).

제 2 장

기 대

우리는 하나님께로부터 사랑, 위로, 도움, 인도 등 모든 것을 기대할 수 있습니다. 왜 그렇습니까? 성경이 다음과 같이 말하고 있기 때문입니다. "자기 아들을 아끼지 아니하시고 우리 모든 사람을 위하여 내어 주신 이가 어찌 그 아들과 함께 모든 것을 우리에게 은사로 주지 아니하시겠느뇨?"(로마서 8:32).

우리는 자칫 다른 사람에게 너무 지나친 기대를 하는 잘못을 저질러 하나님과의 관계를 제한시킬 수가 있습니다. 하나님께서는 우리에게 사랑과 위로와 도움을 주시며, 우리를 인도해 주기 원하십니다. 하지만 우리가 이 모든 것을 얻기 위해 다른 누구(예를 들면 남편)에게 간다면, 이는 하나님을 무시하며 그분의 도우심을 경시하는 처사입니다.

또한 우리는 남편에게 지나치게 많은 기대를 하는 경향이 있습니다. 남편이 우리를 아무리 사랑한다 해도 사람이기 때문에 우리의 모든 기대를 다 만족시켜 줄 수는 없습니다. 우리가 지나친 요구를 하게 되면, 남편은 우리의 기대를 만족시켜 주지 못했다고 느끼고, 우리에게 더 잘해 주지 못한 것들에 대해서만 생각하게 되어 좌절감과 죄의식마저 느낄 수 있습니다. 또한 우리의 지나친 기대가 계속될 것이라고 생각하게 되면 결국 압박감이나 불안감을 느낄지도 모릅니다.

기대하는 마음이 우리 속에 자리 잡고 있으나 우리가 그것을 인식하지 못하는 경우가 종종 있습니다. 스스로 몇몇 질문을 해봄으로써 우리는 그러한 마음의 유무를 밝혀내어 그것을 해결할 수 있습니다.

다음의 몇 가지 질문은 당신의 남편에 관계된 것입니다. 왜냐하면 당신의 기대는 대부분 남편에게 집중되고 있을 것이기 때문입니다. 그러나 당신과 당신의 자녀, 부모, 혹은 친구들과의 관계에 대해서도 이와 동일한 질문을 해볼 수 있습니다.

1. 일반적으로 당신이 남편에게 기대하는 것은 어떠한 것입니까? 예를 들면, 집안일을 도와주는 것, 당신에게 때때로 선물을 주는 것, 정기적으로 당신과 함께 시간을 보내는 것 등.

2. 당신이 어떤 것을 기대하고 있는지 남편이 알고 있습니까?

3. 남편이 당신의 기대를 만족시켜 줄 때 당신은 어떤 반응을 나타냅니까?

4. 남편이 당신의 기대를 만족시켜 주지 않을 때 당신은 어떤 반응을 나타냅니까?

5. 우리는 종종 어떤 것들을 당연시합니다. 이런 식의 태도는 남편에 대해 감사하는 마음에 어떤 영향을 미치겠습니까?

6. 당신은 전에 남편에 대한 자신의 기대 때문에 부부간에 긴장이 있었던 순간을 기억해 낼 수도 있을 것입니다. 앞으로는 이러한 것을 어떻게 방지할 수 있겠습니까?

7. 남편을 제외한 다른 가까운 사람들에게 당신이 기대하는 것으로는 어떤 것이 있습니까?

8. 누군가가 당신에게 무엇인가를 기대하고는 있는데 그것이 무엇인지를 정확하게 파악할 수 없을 때 당신은 어떠한 반응을 나타냅니까?

9. 다음 성경 구절을 읽고 깊이 묵상해 보십시오. 그러고 나서 그 말씀들이 하나님, 남편 및 다른 사람들을 향한 당신의 기대에 어떤 영향을 주는지 설명해 보십시오. 이사야 58:10-11, 마태복음 7:12, 누가복음 6:38

생각해 봅시다

'사랑 장'으로 알려진 고린도전서 13장의 7절을 보면 "사랑은 모든 것을 바란다"라고 했습니다. 다른 번역에서는 사랑의 이러한 일면을 "언제나 상대방에게 최선을 기대하는 것"이라고 묘사하고 있습니다. 다른 사람에 대한 이러한 긍정적인 기대는 우리와 하나님과의 관계에 아무런 방해도 주지 않습니다. 하나님의 사랑을 알아 갈수록 다른 사람들에 대한 사랑이 자라 가며, 그럴 때 이러한 기대는 점차 커가게 됩니다. 이러한 사랑이 가득 찬 기대는 다른 사람을 위축시키기보다는 도리어 그들을 세워 주게 될 것입니다.

제 3 장

하나님께서 맡겨 주신 직분

"그 후 그들은 오래오래 행복하게 살았습니다." 이 말은 흔히 동화의 마지막을 장식할 때나 결혼 생활을 시작하게 되는 두 주인공의 삶을 표현할 때 쓰이는 말입니다. 결혼을 통하여 두 사람은 미혼 시절의 외로움과 어려움에 종지부를 찍고, 안전한 안식처로 인도됩니다. 이제는 목적지에 다다른 것입니다.

당신이 '꿈속에서 그리던 왕자님'과 영원한 연합을 이루는 것은 굉장한 일입니다. 그러나 신혼여행에서 돌아와 쌓아 놓은 결혼 선물들을 다 정리하고 나면 '왕자님'은 일터로 돌아가고, 신부는 빨래를 하고 남편의 저녁식사를 준비합니다. 다시 말하면 소매를 걷어 올리고 가사와 남편 뒷바라지를 시작하는 것입니다. 결혼으로 말미암아 새로운 양식의 삶을 살아가게 됩니다.

하나님께서는 남자를 돕는 배필로 여자를 창조하셨습니다. 그렇다면 여자는 무엇을 하도록 되어 있습니까? 성경은 여자의 임무가 남편과 자녀, 다른 사람 및 가사를 돌보는 것이라는 사실을 보여 줍니다. 이것이 바로 하나님께서 여자들에게 주신 사명입니다.

여자는 집을 평화와 안식이 깃든 가정으로 만들 수 있는 주역입니다. 이사야 32:17은 화평, 평안, 안전을 의의 열매로 묘사하고 있습니다. 이것은 갑자기 나타나는 것이 아니라, 하나님의 뜻을 행한 결과로 얻어지는 것입니다.

마치 다이아몬드가 기술자의 손에서 다듬어지고 갈리면 그 빛이 더욱 찬란해지듯이, 우리도 자신을 하나님의 손에 맡기면 우리의 결혼 생활은 풍성해지고 발전되어 갈 것입니다. 결혼은 동화에서처럼 종착역이 아닙니다. 오히려 결혼이란 우리 각자의 다양한 가능성을 계발시키기 위한 출발점입니다.

1. 다음 성경 구절에서 **남편에 대한** 아내의 책임에 대해 성경이 말하고 있는 원리를 찾아 기록하십시오. 창세기 2:18-25, 잠언 12:4, 잠언 31:10-12, 에베소서 5:22-24, 베드로전서 3:1-2

(1) 당신은 어떤 방법을 통해 남편에 대한 이 책임을 이행하고 있습니까?

(2) 당신이 책임을 제대로 이행하지 못하고 있는 영역이 있다면, 당신의 남편은 그러한 부족한 면에 대해 어떻게 생각하고 있습니까?

(3) 당신의 부족한 면에 대해 어떤 대책이 있으면 기록하십시오.

(4) 혹시 남편이 당신의 잘못된 태도나 행동으로 인해 어려움을 겪고 있습니까? 만약 그렇다면, 어떤 식으로 어려움을 겪습니까?

(5) 당신의 부족한 영역 가운데 최근에 진보가 있는 것이 있습니까? 있다면, 어떻게 진보했는지 기록하십시오.

2. 디도서 2:4, 신명기 6:4-7, 잠언 22:6을 공부하십시오.

(1) 위의 구절을 통해 볼 때, **자녀들에 대한** 어머니의 책임은 무엇이라고 생각합니까?

(2) 당신은 어떤 방법을 통해 자녀들에 대한 이 책임을 이행하고 있습니까?

(3) 어머니로서의 책임을 자신이 바라는 만큼 효과적으로 수행하지 못하고 있는 영역이 있습니까? 있다면, 어떤 식으로 제대로 수행하지 못하고 있습니까?

우리는 자신을 무능한 어머니라고 생각하기 쉽습니다. 그러나 다른 모든 사람들도 우리와 똑같은 경험을 했고 동일한 의구심을 가졌습니다. 두 사람이 한 사람보다 낫습니다(전도서 4:9-10). 그러므로 당신의 자녀들에 관해 이야기를 나눌 수 있는 상대가 있는지 생각해 보고, 그 사람과 교제할 시간을 마련해 보십시오.

3. 잠언 31:20과 히브리서 13:2에서, 가족 이외의 사람들에 대한 여자의 책임에 관해 당신은 무엇을 배울 수 있습니까?

예수님께서는 승천하시기 전 마지막으로 제자들에게 "너희는 가서 모든 족속으로 제자를 삼으라"(마태복음 28:19)라고 말씀하셨습니다. 당신은 가정을 꾸려 나가는 주부로서의 일이 예수님께서 그분을 따르는 자들에게 주신 이 책임에 어떻게 부합된다고 생각합니까?

4. 잠언 31:27과 디도서 2:4-5을 읽으십시오. 가정에서의 여자의 책임에 관해 무엇을 배울 수 있습니까?

어떤 사람이 훌륭한 주부라고 생각합니까?

생각해 봅시다

"주 안에서 받은 직분을 삼가 이루라"(골로새서 4:17). 이 말씀을 이렇게 풀어 쓴 사람도 있습니다. "주님께서 이 직분을 당신에게 위임하셨다는 것을 명심하고 그것을 훌륭하게 이행하시오." 지금까지의 공부를 통하여, 주부로서의 우리의 직분은 하나님께서 맡겨 주신 것임을 알았습니다. 이제 이 직분을 훌륭하게 감당하는 것은 우리의 책임입니다.

다행스럽게도, 이러한 직분을 우리에게 주신 하나님께서는 명령만 하신 것이 아니라, 우리가 그 일을 능히 감당해 낼 수 있도록 크신 사랑 가운데서 힘도 공급해 주십니다. "그의 계명들은 무거운 것이 아니로다. 대저 하나님께로서 난 자마다 세상을 이기느니라"(요한일서 5:3-4).

사랑을 실천하십시오

사도 베드로는 "그들(남편들)은 여러분(아내들)의 경건하고 순결한 행실을 지켜보고 있습니다"(베드로전서 3:2, 표준새번역)라고 썼습니다. 당신의 태도와 행실은 무엇을 나타내고 있습니까?

행동은 종종 말보다 더 호소력이 있습니다. 예기치 않을 때에 남편에게 커피를 타 준다거나 자녀들에게 별미를 만들어 주는 일 등은 그들에게 격려가 될 뿐만 아니라, 따분해지기 쉬운 때에 그들의 마음을 밝게 해줍니다.

실망하지 말고 하나님을 바라보십시오

남편이나 자녀들이 우리를 칭찬해 줄 때마다 우리는 기쁨을 느낍니다. 물론 우리의 수고에 대한 그러한 찬사가 우리에게 큰 격려가 되고 훌륭한 보답이 되기는 하지만, 그러한 찬사가 우리의 목표는 아님을 명심하기 바랍니다. 보답이나 찬사가 없다 하더라도, 하나님께서 우리의 행동에 대해 보답해 주신다는 것을 알면 실망하지 않게 됩니다. "이는 너희 수고가 주 안에서 헛되지 않은 줄을 앎이니라"(고린도전서 15:58).

제 4 장

자신을 알고 용납함

“사람의 독처하는 것이 좋지 못하니 내가 그를 위하여 돕는 배필을 지으리라”(창세기 2:18). 그래서 하나님께서는 하와를 창조하셨습니다. 하나님께서는 자신의 거룩한 경륜을 따라 먼저 남자를 창조하시고, 그 다음에 그를 돕기 위한 배필로서 여자를 창조하셨던 것입니다.

우리를 창조하신 하나님께서는 우리 자신에 대한 깊은 통찰력을 우리에게 주실 수 있습니다.

만일 우리가 하나님의 사랑과 지혜를 확신하고 있다면, 당연히 우리를 신묘막측하게 만드신 데 대해 하나님께 감사하며(시편 139:14), “주님, 저를 아주 잘 만드셨습니다!”라고 기도해야 합니다. 이것이 바로 우리 자신을 용납하는 첫 단계가 됩니다. 또한 우리의 성장에 대해 가장 큰 관심을 가지고 계신 분도 바로 하나님이십니다. 육신의 아버지가 자녀가 잘 성장하면 기뻐하는 것과 마찬가지로, 하나님 아버지께서도 자녀들을 위해 가지고 계신 자신의 계획대로 자녀들이 성장하는 것을 보시면 기뻐하십니다.

사랑의 하나님께서는 우리가 성장하고 열매를 맺을 수 있도록 돕기 원하십니다. 하나님께서 우리를 아시고, 사랑하시고, 용납하시며, 우리가 성장하도록 도우실 것이라는 사실을 아는 것은 건전한 자아상 형성의 기초가 됩니다.

1. 히브리서 4:13과 예레미야 17:9-10을 읽으십시오. 우리보다 하나님께서 우리 자신을 더 잘 알고 계시다는 것에 대해 어떻게 말해 주고 있습니까?

2. 다윗이 기록한 시편 139편의 1-6절, 13-18절, 23-24절을 읽으십시오. 다윗은 하나님께서 다윗 자신을 철저히 알고 계신다는 사실에 대해 어떠한 반응을 나타냈습니까?

하나님께서 당신을 완전하게 알고 계시다는 사실을 알고 당신은 하나님께 어떤 반응을 보이겠습니까?

3. 우리는 자신을 결코 완전히 알 수는 없겠지만, 하나님의 도우심으로 자신이 어떠한 사람인지 웬만큼은 알 수 있습니다.

다음 중 적어도 세 가지 이상의 영역에서 자신에 대해 간단히 이야기해 보십시오.

장점과 은사	약점과 한계
외모	건강 및 체질
성격 및 기질	지적 능력
감성 지수	창의성
대인 관계	

4. 우리 자신을 다른 사람들과 비교하고 대조해 보는 것은 지극히 인간적이며 매우 어리석은 일입니다. 고린도후서 10:12을 읽으십시오.

(1) 가끔 자기도 모르게 자신을 남과 비교할 때가 있다면, 그 이유가 무엇이라고 생각합니까?

(2) 이렇게 비교하게 될 때 나타나는 결과는 대개 무엇입니까?

(3) 이러한 습관을 고치기 위해 당신은 무엇을 할 수 있습니까?

5. 당신 자신을 생각해 볼 때, 특별히 어떠한 면에 대해 하나님께 감사드립니까?

하나님께 대한 이러한 감사를 표현하는 짤막한 기도를 글로 써보십시오.

6. 하나님께서는 우리를 만드실 때 우리에게 능력과 동시에 한계를 주셨습니다. 하나님께서 우리를 전혀 부족함이 없는 존재로 만드실 수도 있었으나, 우리를 사랑하셨기 때문에 하나님께서는 오히려 그렇게 하지 않으셨습니다. 그러므로 우리는 먼저 우리 자신에게 있는 이 두 가지 면을 다 알아야

하고, 이 두 가지 모두에 대해 하나님께 감사하는 법을 배워야 합니다.

(1) 고린도후서 12:7-10을 읽어 보면, 하나님께서 바울에게 주신 한계, 즉 육신의 가시에 대해 기록되어 있습니다. 그런데 바울은 하나님께서 이 가시를 제거시켜 주시지 않은 것에 대해 어떠한 태도를 보였습니까?

바울은 자기 몸의 가시로 인해 얼마간의 갈등을 겪었지만, 나중에는 자신에게 한계를 주신 하나님께 감사드릴 수 있었습니다. 다른 번역에서는 그의 반응에 대해 다음과 같이 풀어 쓰고 있습니다.

> 이제 나는 내 약한 것을 기쁘게 자랑합니다. 나의 힘이나 능력을 나타내 보이기보다는 그리스도의 능력을 생활로 증거하는 것을 기쁘게 여기고 있습니다. (고린도후서 12:9, 현대어성경)

(2) 육신의 가시로 인해 바울은 주님을 섬기는 일에 한계를 느꼈습니까?

지금 잠깐 시간을 내어, 하나님께서 당신에게 허락하신 약점에 대해 하나님께 감사드리십시오. 그것이 육신적인 약점이든, 지적인 약점이든, 성장 배경에 관한 약점이든, 혹은 다른 영역에 속한 약점이라도 좋습니다.

하나님께서는 그분의 영광을 위해 우리를 창조하셨습니다. 우리의 강점이나 약점 모두가 우리로 이러한 목적을 성취하도록 도와줍니다. 왜냐하면 약점이 있을 때 우리는 더욱 주님을 의뢰하며, 겸손해지며, 다른 사람들을 더욱 잘 이해할 수 있기 때문입니다.

7. 성경에 나오는 다음 여인들은 자신의 은사와 재능을 어떻게 사용했습니까?

미리암(출애굽기 15:19-21)

드보라(사사기 4:4-5)

베다니의 여인(마가복음 14:3-9)

다비다(사도행전 9:36)

예를 들면, 우리는 다음과 같은 영역에서 재능을 가지고 있을 수가 있습니다.

수예	그림, 서예
장식, 꽃꽂이	페인트칠, 도배
재봉	가르치기
요리	조직하기
원예	창작
접대	사교
뜨개질	아기 보기
공예	관리
디자인	연구
음악	기타

(1) 하나님께서 당신에게 어떤 재능을 주셨다고 생각합니까?

(2) 당신은 그 재능을 어떻게 사용합니까?

(3) 당신이 좀 더 사용하고 싶은 재능은 어떤 것입니까?

우리는 자신이 처해 있는 환경으로부터 기술을 습득해 갑니다. 대개 주부는 집안 장식, 집 관리, 요리, 손님 접대, 휴가 준비, 자녀들의 공부 지도, 가계 운영 및 기타 어느 정도의 지식과 기술을 요하는 많은 일 등, 여러 가지 일을 할 것입니다. 이런 다양한 일거리는 우리가 필요로 하는 기술을 계발하도록 해주며, 우리는 자신이 선택한 특정 개인 계발 영역에서 특별한 조예를 가질 수 있습니다.

예:

한 주부는 아이들의 생일 파티를 재미있게 열어 주는 일에 특별한 재능을 가지고 있습니다. 이 재능은 그 가족들에게 즐거움의 원천이 됩니다. 그는 이 분야에 전문가가 되었고 자신의 아이디어를 책으로 만들어 다른 어머니들에게도 도움을 주게 되었습니다.

다른 한 주부는 자녀 양육이라는 문제에 깊이 파고들게 되었습니다. 이 일에 시간과 노력을 투자한 결과 자녀 양육의 문제에 대해서 지혜롭고도 신뢰할 만한 조언을 할 수 있게 되었습니다.

또 다른 주부는 건강관리에 좋은 본을 보여 줄 뿐만 아니라, 다른 주부들을 위해 체조 교실을 만들어 운영하고 있습니다.

8. 지금까지 살아오는 동안에 어느 한 영역에서 탁월한 기술을 가진 사람을 만난 적이 있을 것입니다. 당신에게도 특별히 계발하고 싶은 영역이 있습니까? 그렇다면 그 영역의 기술을 계발시키기 위해 무엇을 해야 하겠습니까?

9. **소질**

우리의 소질은 어느 정도 그 한계가 있기는 하지만 노력에 의해 상당한 발전을 볼 수 있는 것도 사실입니다. 당신은 어떻게 당신의 소질을 계발할 수 있겠습니까?

10. 요리처럼 틀에 박힌 것 같고 사소한 것 같은 일들이라도 그 기술을 향상시켜 보려고 노력하면서 여러 가지 시도를 해보면 훨씬 흥미로운 일이 됩니다.

(1) 당신이 늘 하는 가사나 가정에서 필요한 기술 가운데 좀 더 높은 수준으로 숙달될 수 있는 것 하나를 적어 보십시오.

(2) 그것을 향상시키기 위해 필요한 훈련이나 자료로는 어떠한 것이 있겠습니까?

생각해 봅시다

더욱더 빛나는 삶

“의인의 길은 돋는 햇볕 같아서 점점 빛나서 원만한 광명에 이르거니와”(잠언 4:18). 우리가 하나님께서 보여 주신 길을 따라가면 우리의 삶은 아침 햇볕과 같이 점점 더 밝아져서 마침내는 한없이 밝은 광명에까지 이를 것입니다. 이처럼 하나님과의 밀접한 관계가 항상 모든 계발의 기초가 되어야 합니다.

지혜

“무릇 지혜로운 여인은 그 집을 세우되 미련한 여인은 자기 손으로 그것을 허느니라”(잠언 14:1). 지혜는 실제적인 판단, 상식, 상황과 사람들에 대한 올바른 이해 등에서 나타날 수 있습니다. 우리는 하나님과 동행하고, 지혜를 공급해 주시겠다는 하나님의 약속을 주장하며, 우리의 지식을 삶에 적용할 때 진정한 지혜를 소유할 수 있습니다.

우리는 결단을 요하는 일상적인 상황에 직면할 때마다 지혜에서 자라 가도록 노력해야 합니다. 우리가 소유하고 있는 지식이 이론 그 이상이 될 때 우리의 성장은 더욱 빨라집니다.

두 가지 요소

주부와 여자로서의 개인 계발의 성패는 다음 두 가지 요소에 달려 있습니다.

1. **주님과의 관계.** 이것은 바로 사랑과 지혜의 근원입니다. 주님과의 교제를 더욱 깊이 있게 발전시킬 때 우리의 개인 계발은 올바른 방향으로 이루어질 수 있습니다.

2. **우리 자신의 노력.** 우리가 계발하고자 하는 영역이 있어도 거기에 시간과 관심을 쏟지 않는다면 별로 발전을 기대할 수 없습니다. 시간 계획을 짤 때는 이 사실을 염두에 두어야 합니다.

각자의 재능을 총동원해 보십시오

당신이 참석하는 성경공부 그룹에서나 교회에서 다른 여성들과 함께 '재능 총동원의 날'을 마련할 수 있는지 토의해 보십시오. 우리 모두는 제각기 다른 독특한 재능을 소유하고 있으므로 한 달이나 두 달에 한 번씩 하루를 내어 각자의 집을 돌아가면서 모이도록 해보십시오. 그리하여 모인 그 집의 주부를 돕기 위해 각자의 재능을 발휘하여 일을 하는 것입니다. 예를 들면, 그 집 주부의 필요를 따라 어떤 사람은 재봉을, 어떤 사람은 요리를, 또 어떤 사람은 페인트칠이나 도배를 해주는 것입니다.

또 다른 아이디어로는 여러분의 그룹에서 두 명씩 짝을 지어 '기술을 나누는 날'을 가지는 것입니다. 예를 들면, 한 주부가 상대방에게 중국 요리하는 법을 가르쳐 주고, 동시에 자신은 그로부터 뜨개질을 배우는 것입니다.

제 5 장

세상적 가치관을 경계함

큰 강이나 산맥, 또는 중국의 만리장성같이 경계선이 눈에 잘 띄게 만들어져 있으면 상대 지역과의 경계가 어디인지 명확히 알 수 있습니다.

반면에 구분이 그렇게 뚜렷하지 못한 경계선도 많이 있습니다. 이를테면, 시골길을 따라서 전국을 여행을 할 때는 지역 간의 경계선이 명확하지 않아 어느 지방에서 어느 지방으로 언제 넘어섰는지 잘 알 수 없을 것입니다.

명확한 경계선이 있으면 혼돈과 모호함 가운데 빠지지 않을 수 있습니다. 그러면 하나님의 나라와 이 세상의 구분은 어떻습니까? 사도 바울이 감옥에서 썼듯이 "우리의 시민권은 하늘에 있습니다" (빌립보서 3:20). 그런데 우리는 현재 하나님의 권위에 대항하는 이 세상에 살고 있습니다. 이러한 우리의 상태는 제자들을 위한 예수님의 기도에도 언급되어 있습니다. "세상이 저희를 미워하였사오니, 이는 내가 세상에 속하지 아니함같이 저희도 세상에 속하지 아니함을 인함이니이다. 내가 비옵는 것은, 저희를 세상에서 데려가시기를 위함이 아니요, 오직 악에 빠지지 않게 보전하시기를 위함이니이다"(요한복음 17:14-15).

우리는 하늘나라의 시민이지만 언제나 이 세상의 영향에 노출되어 있습니다. 즉 우리는 세상 사람들과 같은 언어를 사용하고, 같은 신문을 보며, 같은 TV 프로그램을 시청합니다. 그렇기 때문에 우리가 원하든 원하지 않든, 또 우리가 그것을 의식하고 있든 의식하고 있지 않든 상관없이, 세상은 언제나 우리에게 영향을 미치고 있습니다.

우리는 세상의 영향을 바로 인식할 뿐만 아니라 그 영향을 잘 분석해 보고 하나님의 말씀에 비추어 봄으로써 세상과 하나님 나라 사이의 경계선을 명확히 알 수 있습니다.

1. 골로새서 1:13에서는 믿지 않는 자들을 어떻게 묘사하고 있습니까?

2. 빌립보서 2:14-16을 읽으십시오. 우리가 불신자들과 다른 삶을 살기 위해서는 어떻게 해야 한다고 말하고 있습니까?

그렇게 할 때 우리 주위의 다른 사람들과 비교하여 우리가 어떻게 나타날 것이라고 했습니까?

3. 시편 73편에서 아삽은 하나님 없이 사는 사람들의 형통함을 보고 자신이 거의 실족할 뻔하였고 걸음이 미끄러질 뻔하였다고 했습니다.

(1) 그는 처음에 어떤 반응을 나타냈습니까? 3,13–14절

(2) 그가 무엇을 하다가 생각이 바뀌었습니까? 16–17절

(3) 그는 악인들에 관해 어떤 사실을 깨달았습니까? 18–20절

4. 세상적인 생각의 특성은 비교 의식, 질투, 자기 연민, 불평, 불만 등이라고 볼 수 있습니다. 그리스도인들도 이러한 사고

방식에 감염되기 쉽습니다. 다음 성경 구절을 읽고 우리는 어떤 생각을 해야 하는지 요약해 보십시오. 빌립보서 4:8, 골로새서 3:1–2, 골로새서 3:15–17

당신의 생각은 어떻게 변해야 하겠습니까?

5. 마태복음 6:19–21, 6:31–34에서 예수님께서는 세상적인 가치관에 대해 어떻게 가르치셨습니까?

6. 요한일서 2:16은 세상적인 욕망으로 어떤 것이 있다고 말합니까?

당신에게 있는 특별히 강한 욕망은 어느 것입니까?

7. 골로새서 2:8에서 사도 바울은 무엇에 관해 경고하고 있습니까?

이러한 경고는 당신의 삶에 어떻게 적용됩니까?

8. 다음의 주제 중 몇 가지를 선택하여 현대 여성들이 이러한 영역에 대해 흔히 가지고 있는 잘못된 가치관이나 태도를 적어 보십시오. 그 다음에는 그러한 영역에 대한 올바르고 성경적인 관점이라고 생각하는 바를 적어 보십시오. (가능하면 당신의 대답과 관련된 참고 성경 구절도 적어 보십시오.)

여성의 권리와 의무
주부의 가치
삶의 목표
자녀를 키우는 직장 여성
남편과 아내의 역할
결혼 생활의 목표

부모와 자녀와의 관계
자기 몸에 대한 여성의 소유권

9. 에베소서 4:17-32을 읽으십시오.

(1) 불신자('이방인')들은 어떤 상태에 있습니까? 17-19절

(2) 22-24절에서 거듭 강조되어 있는 가르침을 요약하십시오.

(3) 25-32절에서 어떠한 명령이 우리에게 주어졌습니까?

(4) 이 말씀을 기초로 하여, 하늘나라의 시민은 세상 사람들과 어떻게 달라야 하는지 최대한 명확하게 요약하십시오.

생각해 봅시다

하나님의 절대주권을 신뢰하십시오

현 세상은 우리의 생각을 사로잡고 감정에까지 그 영향을 미칩니다. 비교 의식에서 시작하여 불만족, 자기 연민에 이르게 하는 세상적 사고는 우리로 하나님의 전지전능하심을 잊어버리도록 만듭니다. 하나님께서 우리 삶을 주관하고 계신다는 사실을 잊어버리는 것입니다. 그것은 죄이며, 우리는 그 죄를 인식하고 하나님께 자백해야 합니다. 그렇게 할 때라야 비로소 하나님의 능력을 힘입어 세상의 영향을 이길 수 있기 때문입니다.

긍정적으로 생각하십시오

어떤 이들은 자기가 생각하고 싶은 대로 생각하는 것은 잘못이 아니라고 합니다. 왜냐하면 자신의 생각이 다른 사람들에게 해를 끼치지 않기 때문이라는 것입니다. 그러나 우리를 창조하신 하나님께서는 우리의 생각이 우리의 감정에 큰 영향을 주고, 나아가서는 우리의 행동뿐만 아니라 하나님과 다른 사람들을 향한 우리의 태도에까지도 영향을 미치게 된다는 것을 잘 알고 계십니다.

그러므로 하나님께서는 우리에게 범사에 감사하는 태도와 긍정적인 생각을 가지도록 명하셨습니다. 이 명령에 순종치 않은 자들의 결과가 로마서 1:21에 나타나 있습니다. "하나님을 알되 하나님으로 영화롭게도 아니하며 감사치도 아니하고 오히려 그 생각이 허망하여지며 미련한 마음이 어두워졌나니."

자족하십시오

불평하지 않고 늘 자족하는 삶을 사는 여자는 세상에서 하늘의 별과 같이 빛나며(빌립보서 2:14-15), 주위의 모든 사람에게 신선함을 더해 줍니다. 자족하는 태도란 자기 자신뿐만 아니라 자신의 처지까지도 받아들이는 것을 말합니다. 이러한 태도는 또한 우리가 물질이 아니라 사람에게 주된 관심을 둘 때 나타나는 결과이기도 합니다.

확신을 가지십시오

이 세상의 사고방식에 물들지 않으려면 성경 말씀에 바탕을 둔 깊고 견고한 확신으로 무장해야 합니다. 이를테면 문제 8에 열거된 각각의 주제에 대해 '나는 이 주제에 관하여 성경적 확신을 가지고 있는가?'라고 스스로 물어 보십시오.

제 6 장

손님 접대

대접을 잘한다는 것은 '마음에서 우러나오는 따뜻한 태도로 맞이하는 것, 또한 후한 친절로 환대하는 것'을 의미합니다. 대접을 잘하려면 찾아온 손님에게 우리의 마음 문을 활짝 열고 즐거운 마음으로 우리의 소유를 그를 위해 쓸 수 있어야 합니다.

성경은 손님 접대를 중요한 덕목으로 다루고 있습니다. 손님 접대의 예는 성경에서 무수히 찾아볼 수 있으며, 그중에는 아브라함이 그에게 찾아온 손님들(천사들)을 대접한 것(창세기 18:1-8), 라반이 아브라함의 종을 환대한 것(창세기 24:31-33), 그리고 수넴 여인이 엘리사에게 자기 집을 개방한 것(열왕기하 4:8-10) 등이 있습니다.

예수님께서는 제자들에게 그들을 환영하지 않는 집에는 머무르지 말도록 명하셨으며(마태복음 10:9-15), 또한 다른 사람들을 대접하는 것이 곧 주님 자신을 대접하는 것과 같다고 말씀하셨습니다. 다른 이들에게 먹을 것과 마실 것과 입을 것을 주고 개인적으로 돌보아 준 자들에게 예수님께서는 “내가 진실로 너희에게 이르노니 너희가 여기 내 형제 중에 지극히 작은 자 하나에게 한 것이 곧 내게 한 것이니라”(마태복음 25:40)라고 말씀하셨습니다.

1. 다음 성경 구절을 기초로 하여 손님 접대에 관한 몇 가지 결론을 이끌어 내십시오. 시편 37:26, 로마서 12:13, 히브리서 13:16, 베드로전서 4:9-10

(1) 손님 접대가 당신의 가정생활의 다음과 같은 면에 어떠한 영향을 미칩니까? 가족끼리의 교제 시간, 경제 사정, 가구 및 비품, 적당한 휴식을 취하는 일 등.

(2) 진정한 환대와 단순한 접대와의 차이는 무엇입니까?

2. 잠언 31:20과 히브리서 13:2을 읽으십시오. 어떤 사람들에게 우리의 가정을 개방해야 합니까?

3. 사도행전을 읽어 보면 개인의 가정이 기도처(12:12)와 사도들의 거처(21:8,16)로 쓰인 것을 알 수 있습니다. 로마서 16:3-5에서는 가정이 교회의 모임 장소로 사용된 것을 볼 수 있습니다. 주님의 일을 위해 당신의 가정은 어떻게 사용될 수 있습니까?

4. 열왕기상 17:8-24에 나오는 한 과부에 관한 이야기를 읽으십시오. 그가 엘리야를 대접했을 때 어떤 사실을 발견했습니까?

5. 다른 사람을 대접한다는 것은 모든 것이 손님 중심이 되어야 한다는 말입니까? 그가 우리의 모든 관심의 초점이 되어야 하고, 우리의 시간 사용이나 모든 활동을 좌우해야 합니까? 아니면 대접한다는 것은 우리가 일상적인 일과대로 살아가면서, 손님과 더불어 우리의 정상적인 가정생활에 수반되는 특권뿐 아니라 의무도 함께 나누는 것을 의미합니까? 당신의 생각을 적어 보십시오.

6. 모든 사람이 다 선천적으로 대접을 잘하는 것은 아닙니다. 그렇지만 모든 주부는 다음 영역을 잘 계발시킴으로서 이러한 미덕을 키울 수 있습니다.

(1) **올바른 마음 자세.** 베드로전서 4:9에서 베드로는 우리가 원망 없이 서로를 섬겨야 한다고 했습니다. 당신이 이러한 자세를 마음속에 간직하는 데 도움이 되는 것은 무엇입니까?

(2) **최선을 도모해 주기 위한 창의성.** 마태복음 7:12에서 예수님께서는 우리 자신이 대접받고 싶은 대로 다른 사람들을 대접하라고 명하셨습니다. 즉 우리는 그들의 입장에 서서 생각해 보아야 하는 것입니다. 스스로 질문해 보십시오. '내가

손님이라면 어떤 것을 고맙게 여길까?' 또한 '정말로 내 마음을 편하게 해주는 것은 무엇일까?' 당신이 손님의 입장이 되었을 때 즐거워할 수 있는 것을 몇 가지 적어 보십시오.

(3) **준비와 계획.** 잠언 21:5을 읽어 보십시오. 시장 보기, 식사 준비, 침실과 욕실 정돈, 청결하고 쾌적한 환경 조성 등과 같은 영역에서 당신이 어떻게 하면 좀 더 잘 준비할 수 있겠습니까? 이외에도 미리 준비해 두어야 할 다른 영역이 있습니까?

(4) **규칙이나 관습을 알려 줌.** 손님은 자신이 머무는 집의 규칙이나 관습을 잘 알면 마음이 매우 편안해집니다. 당신 가정의 관습에 대해 손님이 알아 두어야 할 것은 무엇입니까? 손님에게 당신의 일과를 설명해 주면, 그들은 거기에 맞출 수가 있을 것입니다. 손님에게 그러한 것을 말해 주기에 가장 좋은 때는 언제입니까?

줄곧 당신 주위에만 있으려고 하는 손님에 대해서는 어떻게 하겠습니까?

손님이 당신과 함께하면서 무엇을 얻기를 기대하는지 그에게 물어 보는 것도 좋을 것입니다. 당신은 그가 어떤 종류의 대답을 하리라고 생각합니까?

7. 우리가 대접하는 일을 생활화하여 지속적으로 해나갈 때 하나님께서 약속하신 상급은 무엇입니까? 잠언 11:25, 히브리서 6:10-12

생각해 봅시다

아굴라와 브리스길라 부부는 대접하는 일을 통해 널리 영향을 끼쳤습니다. 사도행전 18:2-3을 읽어 보면, 그들은 고린도에서 바울을 손님으로 모시고 함께 살고 함께 일하면서 큰 유익을 얻었던 것을 볼 수 있습니다. 후에 그들은 아볼로를 대접했고, 그의 사역에 직접 영향을 주었습니다(사도행전 18:26). 그리하여 아볼로는 더욱 놀라운 방법으로 성도들을 돕게 되었습니다(27절).

대접하는 일을 통하여 서로 교제하고 격려할 수 있으며, 복음 사역에서 더 큰 진보를 가져올 수 있다는 것을 알면, 우리는 손님을 모시며 접대하는 일에 더 큰 열심을 가지게 될 것입니다.

여성으로서의 특성을 발휘함

하나님께서는 우리에게 여성만이 가질 수 있는 특별한 은사를 주셨습니다. 예를 들면, 섬세한 감정을 표현할 수 있는 능력이라든가, 세밀한 것을 관찰할 수 있는 눈, 그리고 분위기와 상대방의 기분을 감지할 수 있는 능력 등이 그것입니다. 하와는 아담을 돕는 배필로 창조되었습니다(창세기 2:18). 하와는 아담에 대해 민감하며, 그의 부족한 부분을 채워 줌으로써 그를 보완하게 되어 있었습니다.

하나님께서는 여자를 창조하실 때, 다른 사람들에게 관심을 쏟을 수 있도록 만드셨다고 볼 수 있습니다. 그러므로 다른 사람을 대접하는 것은 여성들의 이러한 특성을 살리고 발전시키는 좋은 기회가 되는 것입니다. 수넴 여인이 엘리사를 후하게 대접한 것(열왕기하 4:8-10)은 여성의 이러한 민감한 특성이 발휘된 좋은 예입니다.

섬김의 중요성

대접한다는 것은 다른 사람을 섬기는 것을 의미하는데, 예수님께서는 이에 대한 완벽한 본을 보여 주셨습니다. 예수님께서는 이러한 본을 통하여 우리가 다음 사실을 깨닫기를 원하셨습니다. "인자의 온 것은 섬김을 받으려 함이 아니라 도리어 섬기려 하고"(마가복음 10:45). "나는 섬기는 자로 너희 중에 있노라"(누가복음 22:27). "내가 주와 또는 선생이 되어 너희 발을 씻겼으니 너희도 서로 발을 씻기는 것이 옳으니라"(요한복음 13:14). 다른 사람을 섬김으로써 우리는 주님의 발자취를 따를 수 있습니다.

제 7 장

좋은 습관

어느 사전에는 습관을 '의식적인 행동을 자꾸 되풀이함으로써 후에는 특별한 생각 없이도 행하게 되는 것'이라고 정의하고 있습니다. 우리 모두는 살아가는 동안, 좋은 것이든 나쁜 것이든, 유익한 것이든 해로운 것이든 습관을 형성하게 됩니다. 만일 습관이 인격의 일부가 되는 것이 사실이라면 우리는 마땅히 덕스럽고 좋은 습관을 기르도록 노력해야 합니다. 다시 말해, 바람직한 행동을 자주 반복함으로써 그것이 제2의 천성이 되도록 해야 하는 것입니다.

1. 질서와 규칙은 하나님께서 제정하신 것입니다. 다음 성경 구절은 이것에 대해 어떻게 이야기하고 있습니까? 창세기 1:14, 역대상 28:11-19, 고린도전서 14:26-40(특히 33,40절)

(1) 이러한 구절에 나타난 진리가 당신이 일을 처리하는 방식에 어떠한 영향을 미쳐야 하겠습니까?

(2) 이것은 인간의 창의성을 방해한다고 생각합니까?

(3) 질서와 규칙이 당신 가정의 분위기 조성에 어떤 영향을 줄 수 있습니까?

(4) 그것이 당신 자신의 내적 평안에는 어떤 영향을 줍니까?

(5) 집에서 화를 내거나 신경질을 부렸던 일 또는 말다툼을 했던 일을 생각해 보십시오. 그것이 질서 또는 일상적인 일과 어떠한 연관을 가지고 있습니까?

2. 예수님께서 오천 명을 먹이신 일이 기록되어 있는 마가복음 6:39-40에서, 무엇을 보고 예수님께서 질서 있게 사람들을 섬기신 것을 알 수 있습니까?

3. 질서 있고 정돈된 삶은 습관을 형성하지 않고는 불가능합니까? 왜 그렇습니까? 또는 왜 그렇지 않습니까?

4. 당신 자신이 가지고 있는 좋은 습관 몇 가지와 나쁜 습관 몇 가지를 열거해 보십시오.

(1) 나쁜 습관 가운데 당신이 지금 곧 버리기 원하는 것은 어떤 것입니까?

(2) 좋은 습관 가운데 더욱 발전시키기 원하는 것은 어떤 것입니까?

5. 당신의 자녀들이 가지고 있는 나쁜 습관 중에서 변화되기를 원하는 것은 무엇이며, 어떻게 그들이 그것을 바꾸게 해줄 수 있겠습니까?

6. 당신은 자녀들이 어떤 좋은 습관을 기르기 원합니까? 몇 가지 적어 보십시오.

(1) 왜 그러한 습관이 중요합니까?

(2) 당신은 자녀들이 그러한 습관을 기르기 시작하도록 어떻게 돕겠습니까?

생각해 봅시다

당신의 자녀들을 위한 바람직한 습관

"마땅히 행할 길을 아이에게 가르치라. 그리하면 늙어도 그것을 떠나지 아니하리라"(잠언 22:6). 좋은 습관은 어려서부터 기르기 시작해야 합니다. 그러기 위해서는 부모가 계획을 세워야 합니다. 말하자면, 부모는 어떤 습관이 가장 중요한 습관인지 선택해야 하며, '제2의 천성'이 되도록 그 습관을 키워 주기 위한 방법을 결정해야 합니다. 또한 부모는 그 습관이 올바른 방법으로 형성되도록 수시로 살펴보아야 하며, 그런 습관을 형성하는 일이 즐겁고 보람 있는 일이 되도록 계속 동기를 주고 보상을 해주는 일도 필요합니다.

자녀들이 길러야 할 좋은 습관의 예를 들면 다음과 같습니다.

어린 자녀들—장난감 치우기, 식사 후의 양치질, 쓰레기통 비우기, 더러워진 옷을 빨래 통에 넣기, 자기에게 주어진 음식은 남기지 않고 다 먹기 등.

어느 정도 자란 자녀들—정해진 장소에 책가방과 책을 두기, 자기 방 청소, 자기 신발을 닦거나 빨기, 식탁 차리기, 설거지 등.

제 8 장

시간 사용

“이날은 여호와의 정하신 것이라. 이날에 우리가 즐거워하고 기뻐하리로다”(시편 118:24). 우리 모두에게는 날마다 24시간만 주어지지만, 하나님을 의뢰할 때 우리는 붙잡아 둘 수 없는 흘러가는 시간을 최대한 효과적으로 사용할 수 있습니다. 하나님께서는 우리에게 피로를 완전히 풀 수 있는 잠을 주셔서 다음날 많은 일을 하루 동안에 해낼 수 있게 해주십니다. 우리가 피곤할 때 새 힘을 주시며, 다시금 기쁘게 우리의 노력을 경주할 수 있게 해주십니다. 또한 우리에게 평화로운 안식의 시간도 주십니다. 하나님께서는 우리가 가장 올바르게 시간을 사용할 수 있도록 도와주시는 것입니다.

1. 시편 90:1-12을 읽고 하나님께서 우리의 연수를 주관하시는 것에 대해 가르치고 있는 바를 요약하십시오.

이 시편의 진리가 당신의 시간 사용에 어떻게 영향을 미쳐야 하겠습니까?

2. 우리는 흔히 '나는 너무 바쁘다'라고 생각합니다. 꼭 해야 할 일이 산적해 있는 것 같습니다. 그래서 보이지 않는 무언가에 의해 쫓기는 듯한 느낌이 드는 것입니다. 그러다 보니 우리는 2시간이 걸리는 일을 1시간 내에 끝내 보려고 애를 씁니다. 전도서 3:1−14의 가르침은 이러한 느낌과 어떤 연관이 있습니까?

3. 마가복음 1:21−39을 읽으십시오. 거기에는 이틀 동안 예수님께서 행하셨던 일이 개략적으로 나타나 있습니다. 예수님께서 하신 일을 기록하십시오.

회당에서:

회당을 나오신 직후:

그날 저녁:

그 다음 날 이른 새벽:

그 다음 날 늦은 아침:

예수님께서는 늘 바쁜 시간을 보내셨으나, 다른 사람이나 환경에 의해 움직이지는 않으셨습니다. 오히려 아버지 하나님을 의뢰하는 가운데 자신의 시간을 어떻게 투자해야 할 것인지를 주의 깊게 결정하셨습니다(35절). 자신의 할 일이 무엇인지 알고 계셨으며, 자신의 유일한 목표는 자신에게 주어진 일을 이루는 것임을 잘 알고 계셨던 것입니다(38절).

4. 다음 말씀은 예수님께서 어떤 우선순위에 따라 시간을 사용하셨음을 보여 줍니까? 요한복음 4:34, 6:38-39, 17:4

5. 에베소서 5:15-17을 주의 깊게 읽으십시오.

(1) 이 말씀은 우리에게 어떻게 행하라고 권면합니까?

(2) 시간을 현명하게 사용하는 것과 그렇지 못한 것의 차이는 무엇이라고 생각합니까?

6. 우리의 하루하루는 우리의 관심을 쏟아야 할 일로 가득 차 있습니다. 긴급한 일도 있고, 중요하기는 하나 시간적인 여유가 있는 일도 있습니다. 예를 들어, 방 청소를 하지 않고 하룻밤을 자는 정도는 큰 문제가 되지 않지만, 하루 동안 식사를 거르는 것은 건강에 큰 해를 가져옵니다. 그렇다면 편지 쓰기, 친구 방문, 성경공부, 아이들과 함께 외출하는 것 등과 같은 일을 위해 언제 시간을 확보할 수 있겠습니까?

어떤 것에 우선순위를 둔다는 것은 중요도에 있어서 그것을 다른 것 위에 둔다는 것을 의미합니다. 당신이 원하는 일을 다 할 수는 없습니다! 누가복음 10:38-42에 나오는 마리아와 마르다에 관한 간단한 이야기는 아주 좋은 예입니다. 마리아가 주님 발 앞에 앉아 주님과 교제하면서 동시에 부엌에 나가 마르다의 일을 도울 수는 없는 것입니다. 마리아는 둘 중 하나를 택해야만 했습니다. 예수님께서는 왜 마리아를 칭찬하셨습니까?

7. 다음과 같은 것은 다른 것보다도 특히 우리의 시간을 요구하는 것입니다. 자신에게 중요하다고 생각되는 순서대로 번호를 매겨 보십시오.

___ 집안일
___ 사교(학교, 교회, 이웃)
___ 가정 밖에서의 영적 사역
___ 취미와 개인 계발
___ 자신과 주님과의 관계를 발전시키는 일
___ 남편 뒷바라지
___ 아이들 돌보기
___ 건강관리

당신의 우선순위를 명확하게 하기 위하여 각각의 영역에 대한 세부 사항을 써보고 남편과 함께 상의해 보십시오.

생각해 봅시다

시간: 중요한 것은 양이 아니라 질

하루 중에도 '좋은' 시간과 '나쁜' 시간이 있기 때문에 우리는 어떤 일에 들일 시간의 양뿐 아니라 질에 대해서도 생각해야 합니다. 중요한 일이 반드시 많은 시간을 투자해야 하는 일은 아닙니다. 오히려 중요한 일이란 가장 좋은 시간을 투자해야 하는 일입니다. 예를 들면, 주님과 교제하는 일이 가장 중요한 일이라고 생각한다면, 정신이 가장 맑고 다른 것에 방해받지 않을 시간에 주님과 교제하려고 할 것입니다.

폭 넓은 삶을 살도록 노력하십시오

자녀들이 어릴 때, 당신은 거의 하루 종일 아이들에게 매달려 있어야 할 것입니다. 그러다 보면 남편과의 오붓한 시간, 집 밖에서의 활동, 취미 생활이나 개인 계발 등 당장 급하지 않은 일은 엄두도 못 내고 자동적으로 뒤로 밀려납니다. 물론 아이들이 아프거나 하는 경우엔 그러한 삶이 불가피합니다. 하지만 특별한 일이 없는 일상적인 상황에서는, 정기적으로 문제 7에 열거된 각 영역에서 무언가를 행하도록 노력하는 것이 좋습니다. 취미, 스포츠, 독서 등에도 약간의 시간을 들이도록 노력하십시오. 물론 다양한 활동을 해나가려면 힘도 필요하고 여러 가지 지혜도 필요하지만, 그것은 노력해 볼 만한 가치가 있습니다. 만일 당신 자신을 끊임없이 되풀이되는 일상적인 일에만 들인다면 결국 다람쥐 쳇바퀴 도는 듯한 삶을 살게 될 것입니다. 그리하여 따분하고 무미건조한 삶을 살고 있다는 느낌을 가질 수도 있습니다.

그러나 만일 비록 짧은 시간이라도 삶의 중요한 여러 영역에 시간을 들인다면, '우물 안 개구리' 식의 삶을 피할 수 있습니다.

하나님께서 당신의 우선순위를 새롭게 하시도록 특별한 시간을 마련하십시오

종종 우리의 시간 사용을 재평가해 보는 것이 바람직합니다. 이를 위해 하나님과 특별한 교제의 시간을 가진다면 우리의 삶은 매우 밝고 신선해질 것입니다. 이때 우리는 "주님, 제가 여기 있나이다. 저는 주님의 것이며, 제 시간도 주님의 것입니다" 하는 태도로 하나님께 나아가야 합니다. 모든 일을 주님의 손에 맡김으로써 하나님께서 우리의 우선순위를 새롭게 하시도록 해드리십시오.

이 시간에는 먼저 성경을 읽되 특히 하나님께서 우리를 인도하시고 돌보아 주신다는 약속을 담고 있는 말씀이 좋습니다. 그런 말씀으로는 시편 16편, 25편, 147편, 마태복음 6:25-34, 히브리서 4:14-16 등이 있습니다.

말씀을 읽은 다음, 하나님의 사랑과 지혜, 당신을 위한 그분의 계획에 대하여 하나님께 감사하십시오. 만일 당신 마음속에 죄악이 있으면 하나님께 마음을 쏟아 놓고 자백하십시오. 하나님의 용서는 당신으로 하여금 깨끗한 상태에서 새 출발을 할 수 있도록 도와줄 것입니다(요한일서 1:9). 그러고 나서 당신의 사정을 하나님 앞에 다 아뢰십시오. 말하자면 당신의 필요, 원하는 것, 책임, 꿈 등을 말씀드리되, 도움이 된다면 문제 7의 목록을 사용하십시오.

이제 당신은 하나님께 당신의 우선순위를 새롭게 해주시도록 맡길 준비가 되었습니다. 당신이 기도하고 말씀을 묵상할 때, 하나님께서는 어떤 것이 중요하며 어떤 것이 하지 않고 내버려 두어도 되는 것인지 알 수 있게 해주실 것입니다. 하나님께서는 당신의 기존 목록에 없던 새로운 일거리를 생각나게 해주실 지도 모릅니다. 이제 목록을 재작성해야 할 때입니다. 어떤 것은 지우고, 어떤 것은 추가하고, 어떤 것은 재조정하고, 어떤 것은 여전히 분별이 안 되어 당분간 보류하게 될 것입니다. 당신의 일거리로 돌아갈 때 당신은 이제 신선한 만족감을 느낄 것입니다. 왜냐하면 하나님께서 당신의 우선순위를 결정하시도록 해드렸기 때문입니다. 이제 당신의 짐은 더 이상 혼자만의 것이 아닙니다. 주님께서 당신을 돌봐 주시기 때문입니다(베드로전서 5:7).

우선순위 결정을 위한 이러한 하나님과의 특별한 교제 시간을 한번 갖고 나면, 아마도 이러한 시간을 정기적으로 갖고 싶은 열망이 생길 것입니다.

제 9 장

계획과 조직

사도행전 20:24에서 바울은 "나의 달려갈 길과 주 예수께 받은 사명 곧 하나님의 은혜의 복음 증거하는 일을 마치려 함에는 나의 생명을 조금도 귀한 것으로 여기지 아니하노라"라고 말하고 있습니다. 바울에게는 다른 어떤 것보다도 중요한 목표가 하나 있었는데, 그것은 바로 그리스도께서 그에게 주신 사명을 완수하는 것이었습니다.

이 목표를 향한 그의 열정은 자신의 삶을 달리기 경주를 하는 것으로 비유하여 "내가 달음질하기를 향방 없는 것같이 아니하고"(고린도전서 9:26)라고 한 말 가운데 잘 나타나 있습니다. 우리도 향방 없이 달려서는 안 됩니다. 바울처럼 그리스도께서 우리에게 주신 사명의 중요성을 아는 사람은 누구나 진지하게 다음 질문을 자신에게 던져 보아야 합니다. '어떻게 하면 주님께서 주신 목표를 위해 나의 모든 자원과 잠재력을 최대한도로 활용할 수 있겠는가?'

우리의 목표는 자신의 소관하에 있는 모든 자원을 활용하여 우리 앞에 당한 경주에서 우승하는 것입니다. 힘을 헛되이 낭비하지 않기 위해서는 자기 훈련을 해야 합니다. 이것은 계획과 조직을 필요로 합니다.

1. 계획과 조직은 청지기 역할을 훌륭히 감당해 내는 것과 연관이 있습니다. 청지기는 주인이 아니라 주인에 의해 재산을 관리하도록 임명된 자입니다.

   (1) 훌륭한 청지기의 책임이라고 생각되는 것을 적어 보십시오.

   (2) 하나님께서는 우리로 하여금 어떠한 영역에 청지기가 되도록 하셨습니까?

2. 잠언 3:21-24을 읽으십시오. '완전한 지혜와 근신을 지키는' 자에게 무엇이 약속되어 있습니까?

일을 계획하고 조직할 때, 완전한 지혜와 근신 즉 건전한 판단력과 분별력은 우리로 하여금 머리에 먼저 떠오르는 일이나 쉬워 보이는 일이 아니라 진정으로 중요한 일을 하도록 도와줄 것입니다.

3. 야고보서 4:13-17에 의하면, 우리는 계획을 세울 때 어떠한 태도를 가져야 합니까?

4. 잠언 31:10-31은 진주보다도 더 귀한 아내의 삶의 모습을 보여 주고 있습니다.

(1) 당신은 어떻게 이 여인이 가정을 잘 꾸려 나간다고 말할 수 있습니까?

(2) 당신은 이 여인이 자신의 남편과 자녀의 행복을 위해 노력한다는 사실을 어떻게 알 수 있습니까?

(3) 이 여인이 자신의 재능을 사용하고 있다는 사실을 보여 주는 것은 무엇입니까?

(4) 당신이 관찰한 이 여인의 성격적인 특성에는 어떤 것이 있습니까? 될 수 있는 대로 많이 열거하고 아울러 해당 구절도 적으십시오.

예: 신뢰할 수 있음(11절), 동정심(20절)

(5) 이 여인의 특성 중에서 당신에게 가장 인상적인 것은 무엇입니까?

이 여인이 너무나 유능하게 일을 수행하는 것처럼 보이기 때문에, 이 여인과 비교하다 보면 자신은 부족하다고 생각하기 쉽습니다. 그러나 우리의 무한한 가능성을 생각해 보면 격려가 됩니다. 이 여인은 좁은 공간 안에서 따분하고 틀에 박힌 듯한 삶을 살지 않고, 삶 가운데서 주어지는 기회를 최대한 이용했습니다. 우리는 그의 삶과 일에서 다음과 같은 면을 찾아볼 수 있습니다.

- 가사를 꾸려 나감: 음식 준비, 의복 마련 등
- 남편과 자녀를 뒷바라지함
- 다른 사람들을 돌봄
- 자신의 재능을 살림
- 자신의 시간과 돈을 현명하게 사용함

당신의 일을 위한 계획을 세울 때 다음 사항을 염두에 두십시오.

- 명확하고 철저하게 세우십시오. 계획이 모호하면 결과도 모호하며, 때로는 아무 결과도 얻지 못합니다.

- 계획을 위해 투자한 시간은 나중에 당신이 원하는 대로 쓸 수 있는 자유 시간이 되어 되돌아온다는 사실을 기억하십시오.

- 융통성을 가지십시오. 계획은 법이 아니라, 우리를 돕기 위한 안내자입니다.

당신이 만일 계획에 따라 일하는 것에 익숙하지 않다면 어느 한 영역에서부터 연습해 보십시오. 예를 들어, 당신이 '영양관리' 영역을 택하였다면 다음과 같이 할 수 있습니다.

- 종이와 연필을 사용하여 식단을 짜보십시오. 처음에는 며칠 분의 식단만 짜고 그것이 잘 실행되면 그 다음엔 한 번에 일주일 분씩의 식단을 짜십시오.

- '다양성은 삶의 양념'이라는 사실을 명심하십시오. 창조적이 되십시오. 매주 고등어 요리만 상에 올려놓는다면 물리게 될지도 모릅니다.

- 식단을 **명확**하고 **철저**하게 짠 후에는 반드시 쇼핑 목록을 작성하십시오.

- 융통성을 두는 것을 잊지 마십시오. 당신이 세운 식단 계획은 예기치 않은 손님이 방문하거나, 시장에서 재료를 살 수 없거나, 혹은 다른 이유로 변경될 수도 있습니다.

5. 시간과 체력에 대해 좋은 청지기가 되는 데 도움이 되는 제안을 다른 주부들과 함께 나눌 수 있도록 목록으로 만들어 보십시오.

   예를 들면, 다음과 같습니다.

   집 전체를 한꺼번에 쓸고, 먼지를 털고, 걸레질을 하는 것이 방을 하나씩 하나씩 청소해 나가는 것보다 더 빠르다.

   동시에 사용되는 청소 도구들은 한 군데 모아 둔다.

   당신 자신의 제안을 적어 보십시오.

청소나 빨래와 같이 일상적으로 꼭 해야 될 일을 빠르고도 수준 높게 할 수 있도록 훈련하면, 개인적으로 하고 싶은 일에 보다 많은 시간을 들일 수 있습니다. 취미 생활이나 친구를 방문하는 일 등 자신이 즐기는 어떤 일을 위해 시간을 저축하고 있다고 생각하면, 빨리 끝낼 수 있게 될 것입니다.

생각해 봅시다

당신이 일을 할 때나 기도를 할 때, 모든 것이 하나님께 달려 있다는 사실을 염두에 두십시오. 하나님께서는 우리로 균형 잡힌 삶을 살 수 있도록 해주시므로, 우리는 두 극단, 즉 적당히 아무렇게나 사는 삶이나 염려하며 허둥대는 삶에 빠지지 않을 것입니다.

하나님께서는 전능하십니다

하나님을 의지한다는 것은 하나님의 힘을 신뢰하며 하나님께서 모든 것을 주관하신다는 사실을 확신하는 것까지도 포함합니다. 우리는 우리의 계획이나 예상을 뒤엎는 어떤 일이 발생하더라도 두려워하거나 실망해서는 안 됩니다. 왜냐하면 결국 우리의 계획은 그 자체가 목적이 아니라 단지 하나님을 섬기기 위한 수단이기 때문입니다.

우리의 궁극적인 목표가 무엇입니까? 청결한 집입니까? 좋은 습관입니까? 잘 정돈된 가구나 건강 유지나 왕성한 체력입니까? 아닙니다. 이런 것은 단지 하나님과 남편, 자녀 및 다른 이들을 섬기려는 우리의 목표에 도달하기 위한 수단에 지나지 않습니다. 만일 이러한 수단이 목표 그 자체가 된다면 우리는 쉽게 좌절하고, 실망과 서글픔을 느끼거나, 일에 대한 열정을 잃어버리게 될 것입니다. 그러고서는 다음과 같이 반문하게 될지도 모릅니다. '왜 내가 이것을 하고 있지? 모든 것은 결국 다시 더러워지고 마는데. 나는 단지 같은 일을 자꾸자꾸 되풀이하고 있어. 나는 애들에게 똑같은 말을 수없이 하고. 내 계획은 제대로 실행되는 게 없어.'

만일 당신이 바로 이와 같은 처지에 있다면, 이는 수단을 목표로 오해하고 있기 때문일지도 모릅니다. 우리가 깨끗하고 유쾌한 가정을 꾸미고 영육 간에 강건함을 유지하는 것은 바로 하나님께서 우리에게 주신 직분대로 남편과 자녀를 돌보며 또한 다른 사람들을 돕는 일을 잘하기 위함입니다.

수첩

살림을 오래 해본 주부라면 이미 꼭 필요한 집안일은 어떤 것이며 또 그것을 하는 데 소요되는 시간은 어느 정도인지 잘 알 것입니다. 그런 주부가 해야 할 일은 남은 시간을 효과적으로 이용하는 법을 배우는 것입니다.

이를 위해서는 수첩 하나를 마련하여 다음과 같은 각 영역에서 해당 사항을 목록으로 만들어 두는 것이 좋습니다.

- 기도 제목
- '경건의 시간' 메모
- 해야 할 일
- 특별한 과제

▸ 아이디어
▸ 남편과 함께 해야 할 일

'해야 할 일'에는 써야 할 편지, 해야 할 전화, 사야 할 물건이나 카드, 혹은 방문해야 할 사람 등과 같은 것을 기록할 수 있을 것입니다.

'특별한 과제' 목록에는 예를 들면 다음과 같은 것이 포함될 수 있습니다.

▸ 자녀들을 위한 '경건의 시간' 계획
▸ 앨범 정리
▸ 뜨개질
▸ 요리 노트 정리

'아이디어' 목록의 예는 다음과 같습니다.

▸ 아이와 함께 박물관 관람
▸ 고궁으로 소풍
▸ 요한복음 11:33-36을 주제로 시 쓰기
▸ 가정에 관한 책 읽기

이 수첩을 항상 성경과 함께 두며, 아침 경건의 시간 전후에 짬을 내어 그 날 또는 그 주에 해야 할 일에 관하여 곰곰이 생각해 보십시오. 그때 당신에게 떠오르는 중요한 아이디어들을 수첩에 기록해 두십시오.

요리하는 중에도 종종 좋은 생각이 떠오른다면 주방에 그 수첩을 갖다 놓고 일을 하십시오.

큰 일거리를 위한 계획 짜기

긴요한 일거리는 이를 위해 사전에 미리 계획을 세워 두면 훨씬 손쉽게 끝낼 수 있습니다. 예를 들면, 곧 다가오는 계절에 입을 옷을 정리해서 준비해 두는 일이 이번 주에 꼭 해야 할 일이라고 합시다. 이러한 큰 일거리를 효과적으로 처리하는 한 가지 방법은 그것을 다음과 같이 여러 가지 작은 일거리로 쪼개는 것입니다.

- 월요일 오후: 바지나 치마의 길이를 늘이거나 줄인다.
- 화요일 오후: 새로 사야 할 옷의 목록을 만든다.
- 수요일 오후: 옷을 사러 나간다.
- 수요일 저녁: 새 옷을 곧 입을 수 있도록 해둔다.

선택의 자유

주부로서의 삶에는 선택의 자유가 많이 있습니다. 예를 들면, 당신이 가사를 돌볼 때 그 일을 언제 어떻게 할 것인지도 당신의 자유이며, 심지어 그것을 할 것인지 안 할 것인지도 당신의 자유입니다.

이러한 선택의 자유는 하나의 이점이긴 하지만, 그러나 자유에는 책임이 따릅니다. 선택이 필요 없는 삶이 즐거운 것은 아니지만, 그러한 삶이 살기에 쉽다는 것은 확실합니다.

갈라디아서 5:13 말씀은 자유에 수반되어야 할 책임에 대해 말하고 있습니다. "형제들아, 너희가 자유를 위하여 부르심을 입었으나, 그러나 그 자유로 육체의 기회를 삼지 말고 오직 사랑으로 서로 종노릇하라."

다른 사람들을 섬기기 위하여 우리의 자유를 사용하는 법을 배울 때, 우리는 진정으로 자유를 누리게 될 것입니다. 만일 오직 우리 자신만을 위해 자유를 행사한다면 오히려 그 자유는 우리를 얽어매고 말 것입니다.

하나님과 그분의 명령에 온전히 굴복할 때라야 우리는 진정한 자유를 소유할 수 있습니다. 우리의 삶을 주님께서 온전히 주관하시도록 해드릴 때 우리는 비로소 그리스도 안에서 얻은 자유를 누리게 되는 것입니다. 이러한 온전한 굴복을 통해서, 우리는 다른 사람들을 섬길 수 있도록 훈련됩니다. 이러한 자유가 바로 그리스도께서 자신의 생명에 대해 말씀하실 때 친히 경험하셨던 진정한 자유입니다. "이를 내게서 빼앗는 자가 있는 것이 아니라 내가 스스로 버리노라"(요한복음 10:18).

그리스도로 말미암아 자유함을 얻은 사람은 무한한 성장의 가능성이 있습니다. "그리스도께서 우리로 자유케 하려고 자유를 주셨으니, 그러므로 굳세게 서서 다시는 종의 멍에를 메지 말라"(갈라디아서 5:1).

당신의 목표를 깊이 묵상하십시오

때로 삶이 무의미하다는 느낌이 우리 마음속을 파고들 때가 있습니다. '내가 하고 있는 모든 일은 무슨 의미를 가지고 있는가? 나는 도대체 어떤 인생을 살고 있는가?'

우리의 궁극적인 목표를 묵상해 보면 틀에 박힌 듯한 일상적인 일에 대해서도 올바른 관점을 가질 수 있습니다. 스스로 다음 질문을 해보십시오.

항상 남편에게 드려지기 위해 내가 가져야 할 목표는 무엇인가?
남편이 나를 필요로 하는 영역은 무엇인가?
그것은 나의 하루 일과표나 계획에 포함되어 있는가?
아이들을 계발시켜 주기 위해 내가 할 일은 무엇인가?
나의 계획에는 이 일이 고려되어 있는가?

처리해야 할 집안일이 있는가?
나는 그 일을 수행하고 있는가?

나의 개인 계발을 위해 필요한 것은 무엇인가?
나는 그것을 위해 노력하고 있는가?

가정 밖에서 내가 추구하기 원하는 것은 무엇인가?
나의 활동은 이 목표에 기여하고 있는가?

제 10 장

건강과 외모

우리의 영은 영원하나 우리의 몸은 결국 썩어질 것이라는 사실이 자칫 우리 몸을 돌보는 일이 그리 중요하지 않은 것처럼 보이게 할지도 모릅니다. 그러나 사도 바울은 고린도 교인들에게 다음과 같이 말했습니다. "너희 몸은 너희가 하나님께로부터 받은 바 너희 가운데 계신 성령의 전인 줄을 알지 못하느냐? 너희는 너희의 것이 아니라 값으로 산 것이 되었으니, 그런즉 너희 몸으로 하나님께 영광을 돌리라"(고린도전서 6:19-20).

우리 몸에는 성령과 우리의 영이 함께 거하고 있습니다. 몸과 영은 아주 긴밀한 관계를 가지고 있기 때문에 우리는 둘 다를 적절히 돌봄으로써 하나님께 영광을 돌려야 합니다. 우리의 외모는 흔히 우리의 내적 상태를 반영하고, 외적 상태는 우리의 내적인 느낌에 영향을 끼칩니다. 우리는 샤워를 하거나 옷을 갈아입는 것이 우리의 마음을 얼마나 새롭게 해주는지 경험을 통해 알고 있습니다.

하나님께서는 우리 인간을 창조하실 때 몸과 영 사이에 긴밀한 관계가 있도록 하셨습니다. 우리 몸을 돌보지 않는다면 우리의 영적 건강을 해치게 되며, 이는 하나님을 영화롭게 하는 것이 아닙니다. 또한 우리의 영적 활력과 창의력, 기분 및 정서적인 안정까지도 해를 받습니다.

1. 마가복음 4:35-38과 요한복음 4:4-6을 읽으십시오.

(1) 이 말씀에서 예수님께서 육신적으로는 우리와 같은 사람이었음을 보여 주는 증거는 무엇입니까?

(2) 당신이 현재 취하고 있는 휴식과 수면에 대하여 만족하십니까? 아니면 당신의 시간표에 뭔가 변화가 필요합니까?

(3) 당신의 남편과 자녀들은 충분한 휴식과 수면을 취하고 있습니까?

2. 신명기 5:12-15을 읽으십시오. 휴식의 필요성에 관한 하나님의 관점에 대해 이 구절이 보여 주고 있는 바는 무엇입니까? 그리고 어느 정도의 휴식이 필요하다고 했습니까? (출애굽기 23:12, 31:16-17, 34:21도 참조하십시오.)

3. 여러 가지 형태로 휴식을 취할 수 있습니다. 예를 들면, 소파에 앉아 담소를 즐길 수도 있고, 음악회에 가거나 집에서 음악을 들을 수도 있으며, 축구 경기 같은 스포츠를 관람하거나 유익한 책을 읽거나 그림을 그릴 수도 있습니다. 혹은 하이킹을 가거나 운동을 하는 것과 같이 보다 활동적인 것을 할 수도 있습니다. 이런 것들과 이와 유사한 많은 것은 일상적인 삶의 리듬을 바꾸어 주어 우리는 이를 통해 긴장을 풀며 휴식을 취할 수 있습니다.

   당신과 당신의 가족이 가장 즐겨 취하는 휴식의 형태는 어떠한 것입니까?

4. 휴식이란 사전에 미리 계획하여 취할 때에 가장 큰 효과가 있습니다. 그때라야 당신은 마음 놓고 휴식을 즐길 수 있습니다. TV를 보는 것을 예로 들어 보겠습니다. 당신이 휴식을

위해 보고 싶은 TV 프로를 사전에 선택하여 그 시간을 피해서 가사를 계획한다면, 당신은 편안한 마음으로 그 프로를 즐길 수 있을 것입니다. 그렇게 하지 않고, 충동에 의해 다른 일에 들일 시간을 TV 시청에 들인다면, 결과적으로 죄책감과 염려 가운데 빠지고 말 것입니다.

(1) 당신 개인의 삶에서 잘 계획된 휴식 또는 긴장 해소 방법의 예를 들어 보십시오.

(2) 당신의 가족이 즐기고 있는 잘 계획된 휴식 또는 긴장 해소 방법은 어떤 것입니까?

5. 당신은 다음 각 성경 구절의 원리가 휴식과 긴장 해소를 위해 들이는 시간과 어떻게 관련되어 있다고 할 수 있겠습니까?

시편 4:8

시편 23:1-2

시편 62:5

시편 127:2

6. 당신은 어떤 종류의 운동을 하고 있습니까?

건강한 것이 당신에게 얼마나 중요합니까?

7. 당신은 몸을 잘 관리하는 것이 그리스도인으로서의 간증을 더 좋게 해줄 수 있다는 데 대해 어떻게 생각합니까?

8. 당신은 충분한 영양 공급을 고려하면서 식사를 준비합니까? 당신이 개인적으로 적용하거나 실천하고 있는 원리를 적어 보십시오.

9. 잠언 31:22 및 디모데전서 2:9은 여자가 입는 옷에 관해 언급하고 있습니다. 여기서 어떠한 원리를 찾아볼 수 있습니까?

10. 베드로전서 3:1-6을 읽고, 이 말씀의 가르침에 의거하여 진정한 아름다움을 정의해 보십시오.

생각해 봅시다

하나님을 위해 사는 삶

"그런즉 너희가 먹든지 마시든지 무엇을 하든지 다 하나님의 영광을 위하여 하라"(고린도전서 10:31).

휴식을 취하든, 운동을 하든, 쇼핑을 하든, 또는 무엇을 하든, 그것이 하나님을 섬기고 다른 사람들을 섬기는 데 도움을 준다면 그것은 가치가 있습니다.

제 11 장

돈 사용

'나는 나의 돈을 어떻게 사용하고 있는가?' 돈을 쓸 곳은 많으나 가진 돈은 한정되어 있습니다. 머리 손질을 하는 데 지불해 버린 돈으로 옷을 살 수는 없습니다. 옷을 사기로 했다면, 외식이나 취미 생활을 위한 경비를 절약해야 할지도 모릅니다.

이것은 어디까지나 주부 개인의 선택이며 가정마다 각기 다를 것입니다. 그러나 우리 모두에게 공통적인 한 가지 사실은, 우리는 돈과 재산에 대한 청지기로서 하나님과 가족들 앞에서 우리가 내린 결정에 대하여 책임을 져야 한다는 것입니다.

1. 잠언 15:16–17과 17:1을 읽으십시오. 이 말씀의 의미를 자신의 말로 설명해 보십시오.

2. 전도서 2:26을 보면, 부(富)는 누구와 어떤 식으로 연관되어 있습니까?

3. 누가복음 12:13-21을 읽으십시오. 예수님께서 어리석은 부자에 관한 비유에서 경고하신 것은 무엇입니까?

4. 누가복음 12:22-34에 의하면, 왜 우리는 우리의 물질적인 필요에 대하여 염려해서는 안 됩니까?

5. 디모데전서 6:6−10의 가르침은 오늘날의 그리스도인 가정에 특히 중요한 문제와 관련이 있습니다. 그 가르침을 요약하십시오.

베드로후서 1:3−4은 이 문제와 어떠한 관련이 있습니까?

6. 누가복음 16:10−13을 읽으십시오.

(1) 10−12절에 의하면, 재물을 충성되게 관리하기 위한 출발점은 무엇입니까?

(2) 13절에서 예수님께서 가르쳐 주시는 진리는 무엇입니까?

(3) 돈이 우리를 주관할 때 어떤 결과가 나타납니까?

7. 디모데전서 6:17–19에서, 어떤 명령이 부자들에게 주어졌습니까?

당신은 부자가 아니라고 생각할지 모르겠습니다. 하지만 지금도 굶어 죽어 가고 있는 지구상의 수많은 사람들에 비하면 그래도 당신은 꽤 많은 재산이 있는 셈일지도 모릅니다. 이러한 의미에서 본다면, 당신의 가정은 디모데전서 6:17–19의 명령을 어떻게 적용하고 순종할 수 있겠습니까?

8. 다음은 당신과 당신 남편이 돈의 사용과 관련하여 내려야 하는 전형적인 결정의 예입니다.

- 비용이 많이 드는 휴가를 갈 것인가, 요리 강습을 받을 것인가?
- 특별 외식을 할 것인가, 새 옷을 살 것인가?
- 정기적으로 미장원에 갈 것인가, 미용 체조를 배울 것인가?
- 개를 키울 것인가, 그 돈으로 자녀들의 옷을 하나라도 더 사줄 것인가?
- 책을 살 것인가, 전기 믹서를 살 것인가?
- 보너스를 한꺼번에 사용할 것인가, 저축을 할 것인가?
- 새 커튼 감을 살 것인가, 그 비용으로 아이들을 소풍 보낼 것인가?

(1) 당신의 가정에서 부딪히게 되는 재정적인 선택에는 어떠한 것이 있습니까?

(2) 당신과 당신의 남편이 이러한 선택을 할 때, 이 장에서 공부한 원리는 올바른 관점을 갖도록 어떻게 도움을 줄 수 있습니까?

생각해 봅시다

하나님께서는 우리들이 하나님께로부터 받는 모든 물질적인 축복을 즐기고 나누기를 원하십니다. 그러나 우리는 결코 그 물질 자체를 의뢰하지 않도록 주의해야 합니다. 하나님께서는 오직 하나님 자신만을 의뢰하라고 명하셨습니다.

제 12 장

넓은 시야

만일 간호사나 교사, 판매사원이나 비서가 그만두게 되면, 다른 사람이 그 자리를 이어받습니다. 그러나 주부나 어머니가 자기 위치를 떠난다면 누가 그 자리를 대신할 수 있겠습니까?

주부는 확실히 필수 불가결한 존재이며, 가정과 사회에 크나큰 기여를 합니다.

이처럼 다양성과 큰 영향력 및 무한한 발전의 가능성이 있는 직업을 마다할 사람이 어디 있겠습니까? 가사를 돌보는 일은 넓은 시야를 지닌 직종입니다.

1. 잠언 12:4과 14:1을 자신의 말로 다시 써보십시오.

주부가 해야 하는 중요한 선택에 관하여 이 말씀이 주는 교훈은 무엇입니까?

2. 잠언 19:13, 21:19, 27:15에 언급되어 있는 아내의 부정적인 특성은 무엇입니까?

어떻게 하면 우리가 이러한 죄를 피할 수 있습니까?

3. 다음 각 구절은 어떤 긍정적인 특성에 대해 가르치고 있습니까?

잠언 14:30

잠언 15:17

잠언 25:11

4. 교회 지도자의 위치에 있는 남자들이 갖춰야 할 자격에 관한 바울의 가르침 가운데 디모데전서 3:4,12, 디도서 1:6은 가정과 관련된 그들의 수준을 제시하고 있습니다. 남편이 이러한 수준에 이르도록 돕기 위해 아내는 어떤 일을 할 수 있습니까?

5. 아내가 어떠한 삶을 살 때 남편은 아내로 인해 자기 직무를 더 잘 수행할 수 있는 동기력을 얻을 수 있겠습니까?

"일을 할 때 자기 가정을 생각하면 맥이 빠지는 것이 아니라 힘이 솟는 남자야말로 행복한 사람이다"라고 말한 사람도 있습니다.

6. 날이 갈수록 젊은이들이 점점 더 사회에 파괴적인 영향을 끼치고 있습니다. 그리스도인 부모는 자녀들을 사회에 좋은 영향을 미칠 일꾼으로 양육해야 할 책임이 있습니다. 그리스도인들은 삶의 유일한 표준이요 권위와 동기력의 원천이 되는

성경을 가지고 있습니다. 권위를 존중하는 것이나 규율, 개인의 중요성 등과 같은 가치관은 아주 어린 자녀들에게까지 가르칠 수 있습니다.

주부와 어머니로서 당신은 이러한 책임을 어떻게 이행하겠습니까?

7. 예수님께서는 자기를 따르는 자들에게, "너희는 가서 모든 족속으로 제자를 삼아… 내가 너희에게 분부한 모든 것을 가르쳐 지키게 하라"(마태복음 28:19-20)라는 지상사명을 주심으로써 이 땅에서의 자신의 사역을 그들에게 부탁하셨습니다. 우리가 자녀들이 그리스도를 따르도록 도와줄 때, 가정은 바로 이러한 지상사명을 가장 잘 수행할 수 있는 자연스러운 장소가 될 수 있습니다. 부모는 어떻게 자녀들이 다른 사람들을 주님께로 이끌 수 있도록 도와줄 수 있습니까?

제자를 삼으라는 이 지상사명을 수행함에 있어서, 당신이 자녀들을 통한 방법 외에 또 다른 가능성에 대해 생각해 보십시오. 어떤 것이 있습니까?

생각해 봅시다

"누구든지 제 목숨을 구원코자 하면 잃을 것이요, 누구든지 나를 위하여 제 목숨을 잃으면 찾으리라"(마태복음 16:25). 예수님을 따른다는 것은 우리 자신을 포기하는 것을 의미하며, 이는 또한 우리 삶을 다른 사람들을 섬기는 데 투자하는 것을 의미합니다.

당신 주위를 살펴보십시오. 하나님께서 어떻게, 또 어디에서 당신을 사용하기를 원하십니까? 당신은 어느 분야에서 기여를 할 수 있겠습니까? 누가 혹은 무엇이 **당신의** 필요를 채워 줄 수 있을까 하고 생각하지 말고, 자신에게 위와 같은 질문을 던져 보는 것이 더 바람직합니다.

예수님께서는 하나님 아버지께서 자신에게 사명을 맡겨 주셨을 때, 온 인류를 위하여 자신의 목숨을 내주기를 마다하지 않으셨습니다. 우리의 마음속에 내주하시는 성령으로 말미암아, 우리는 주님의 본을 따를 수 있습니다. 주님께서는 우리에게, 잃는 것이 바로 얻는 것이요, 주는 것이 곧 받는 것이며, 주님과 주님의 계획에 굴복하는 것 즉 우리 자신에 대해서는 죽는 것이 바로 참된 생명의 길이라고 가르치셨습니다.

행복한 주부, 행복한 가정

초판 1쇄 발행 : 1987년 5월 8일
개정 1쇄 발행 : 2016년 7월 15일

펴낸곳: 네비게이토 출판사 ©
주소: 03784 서울시 서대문구 연희로 16 (창천동)
전화: 334-3305(대표), 334-3037(주문), FAX: 334-3119
홈페이지 http://navpress.co.kr
출판등록: 제10-111호(1973년 3월 12일)

ISBN 978-89-375-0519-5 03230